KLEINE
Umarmung
FÜR ZWISCHENDURCH

Hallo du,

KOMM DOCH MAL HER.

HIER IST EINE UMARMUNG FÜR DICH.

To-go sozusagen –

WANN IMMER DU EINE BRAUCHST

UND ICH NICHT IN DER NÄHE BIN.

WAS SICH SCHWER SAGEN LÄSST,

LÄSST SICH GUT

IN EINER UMARMUNG AUSDRÜCKEN.

ELFRIEDE ENGEL

VIELLEICHT HAST DU
HEUTE EINEN SCHLECHTEN TAG,
ODER ES IST IRGENDWIE
DER WURM DRIN – DANN DENK DARAN,

*dass ich für dich
da bin.*

WENN WIR ENTDECKEN,
wie viel Gemeinsames
UNS VERBINDET,
WIRD NEBENSÄCHLICH,
WAS UNS TRENNT.

PETER KLEVER

OB REGEN ODER SONNENSCHEIN,

DU KANNST DICH AUF MICH VERLASSEN.

UND WENN ES SICH MAL SO ANFÜHLT,

ALS WÜRDEST DU AUF

DER SCHATTENSEITE STEHEN,

DANN SEI DIR SICHER, DASS DIE WELT

SICH IMMER WEITERDREHT UND SCHON BALD

WIEDER DIE SONNE FÜR DICH SCHEINT!

EGAL, WAS LOS IST,

ICH BIN AN DEINER SEITE UND
GLAUB FEST AN DICH, WÄHREND DU
MIT ANLAUF ÜBER DIE
Hindernisse des Lebens springst,
STEHE ICH AN DER SEITENLINIE

und juble dir zu!

WENN ICH ALLEIN TRÄUME,

IST ES NUR EIN TRAUM.

WENN WIR GEMEINSAM TRÄUMEN,

IST ES DER ANFANG DER WIRKLICHKEIT.

AUS BRASILIEN

DU HAST SO VIELE TALENTE.

ALSO KOPF HOCH, WENN ES MAL

NICHT SO LÄUFT. DU SCHAFFST DAS!

ICH BIN HIER,

UM DICH DARAN ZU ERINNERN,
WIE WUNDERBAR DU BIST
UND WIE VIELE AUSSERGEWÖHNLICHE
TALENTE IN DIR SCHLUMMERN.

Nur für den Fall,
dass du es mal vergisst!

SEI DIR DEINER TALENTE
BEWUSST UND DU WIRST FESTSTELLEN,
WAS DU ALLES BEWEGEN KANNST.

BERND WINKEL

Ich denk an dich!

MIT DIR

ZEIT ZU VERBRINGEN,

IST MIR WICHTIG. AUCH WENN WIR

UNS NICHT JEDEN TAG SEHEN KÖNNEN,

MÖCHTE ICH, DASS DU WEISST, DASS DU

IMMER EINEN FESTEN PLATZ

IN MEINEN GEDANKEN HAST.

ES HEISST SCHLIESSLICH

NICHT UMSONST, DASS
LIEBLINGSMENSCHEN WIE STERNE SIND.
Ich bin immer für dich da,
AUCH WENN DU MICH MAL NICHT AUF
DEN ERSTEN BLICK

entdecken kannst!

DU BIST MIR EINE GENAUSO

GROSSE STÜTZE, WIE ICH

ES HOFFENTLICH FÜR DICH BIN.

DANKE FÜR DEIN OFFENES OHR,

DEINE KLUGEN RATSCHLÄGE

UND DASS DU MIR

deine Zeit schenkst.

DAMIT SICH UNSER LEBEN
ENTFALTEN KANN, DAMIT WIR
VOLLSTÄNDIG WERDEN, BRAUCHEN WIR
MENSCHEN, DIE UNS ERGÄNZEN –
MUTIG, KRAFTVOLL UND
MIT EINEM HERZ AUS GOLD.

ANGELIKA EMMERT

DU MACHST DIE SCHLECHTEN ZEITEN

BESSER UND DIE GUTEN NOCH VIEL

SCHÖNER. DU BIST ZAUBERHAFT!

WENN ALLES

WIE AM SCHNÜRCHEN LÄUFT,
FREUE ICH MICH VON HERZEN MIT DIR.
Denn weißt du was?
DU HAST ALLES GLÜCK DER WELT

verdient!

Trau dich,

DEINE TRÄUME ZU JAGEN!

DU BIST MUTIGER,

ALS DU DENKST.

LASS DIR VON NIEMANDEM

GRENZEN SETZEN.

DU STECKST VOLLER

SUPERPOWER!

WER AN SICH SELBST GLAUBT,
DEM BLÜHT DAS GLÜCK
SELBST NOCH AUS STEINEN.

JUDY PARKER

UND WENN ETWAS

MAL NICHT BEIM ERSTEN ANLAUF KLAPPT,

BLEIB EINFACH GELASSEN.

ZUSAMMEN KÖNNEN WIR ÜBER

JEDES MISSGESCHICK LACHEN UND PLÄNE

FÜR DEN NÄCHSTEN VERSUCH SCHMIEDEN.

DU KANNST STOLZ

AUF DICH SEIN, DENN SCHLIESSLICH

HAST DU SCHON SO VIELE

Herausforderungen im Leben

GEMEISTERT. DIR MACHT SO SCHNELL

niemand etwas vor!

NICHTS BEFLÜGELT MEHR,

ALS DER STOLZ

AUF DIE EIGENE LEISTUNG.

MARIELLE SCHUMANN

WENN DU ALSO

MAL WIEDER EIN WENIG MUT

GEBRAUCHEN KANNST, NIMM EINFACH

DIESES KLEINE BUCH ZUR HAND.

Ich hoffe, es zaubert dir
immer ein Lächeln
ins Gesicht,

WENN ICH MAL NICHT BEI DIR SEIN KANN.

VERGISS NIE, WIE WUNDERVOLL DU BIST.

ICH BIN SO FROH, DASS ES DICH GIBT.

FÜHL DICH FEST GEDRÜCKT!

Textnachweis: Wir danken allen Autoren bzw. deren Erben, die uns freundlicherweise die Erlaubnis zum Abdruck von Texten erteilt haben.

Bildnachweis: Illustrierte Elemente Cover und Innenteil: Bariskina/Shutterstock.com; Alenka Karabanova/Shutterstock.com; Fotos Innenteil: S. 3 courtneyk/E+/Getty Images; S. 4: stock.adobe.com/Edalin; S. 7: stock.adobe.com/stanislav_uvarov; S. 8: Syda Productions/Shutterstock.com; S. 11: Parsha/Shutterstock.com; S. 12: Pra Chid/Shutterstock.com; S. 15: OlesyaNickolaeva/Shutterstock.com; S. 17: Getty Images/Moment/Anna Shvets; S. 21: Ramona Himbasan/EyeEm/Getty Images; S. 25: Annette Shaff/Shutterstock.com; S. 26: Andrekart Photography/Shutterstock.com; S. 29: Korawat photo shoot/Shutterstock.com; S. 30: aprilante/Shutterstock.com; S. 32: stock.adobe.com/KatrinaEra; S. 37: Maria Timofeeva/Shutterstock.com; S. 39: stock.adobe.com/jakkapan; S. 41: stock.adobe/VICUSCHKA; S. 43: Anna Kraynova/Shutterstock.com; S. 47: thethomsn/Moment/Getty Images.

Layout und Satz: Petra Schmidt Grafik Design
Gesamtherstellung: AZ Druck und Datentechnik GmbH, Kempten

Kleine Umarmung für zwischendurch
ISBN 978-3-8485-0049-9
© 2022 Groh Verlag. Ein Imprint der Verlagsgruppe
Droemer Knaur GmbH & Co. KG
Maria-Luiko-Straße 54, 80636 München
www.groh.de

Kontaktadresse nach EU-Produktsicherheitsverordnung:
produktsicherheit@droemer-knaur.de

FSC® C008457
MIX
Papier | Fördert gute Waldnutzung
www.fsc.org